AF248292

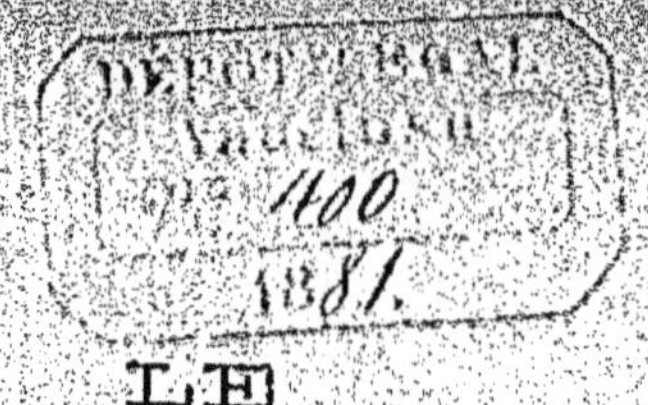

LE
CIMETIÈRE ISRAÉLITE
DE TLEMCEN

PAR

M. WEIL, Rabbin de Tlemcen.

AVIGNON

SEGUIN FRÈRES, IMPRIMEURS-ÉDITEURS

13, RUE BOUQUERIE, 13

—

1881

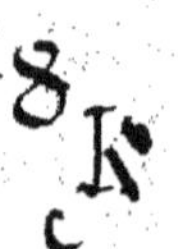

LE
CIMETIÈRE ISRAÉLITE
DE TLEMCEN

PAR

M. WEIL, Rabbin de Tlemcen.

AVIGNON

SEGUIN FRÈRES, IMPRIMEURS-ÉDITEURS

13, RUE BOUQUERIE, 13

—

1881

LE

CIMETIÈRE ISRAÉLITE

DE TLEMCEN

Il se trouve dans notre ville plusieurs cimetières israélites, dont la formation remonte à des époques très reculées. Nos aïeux, par une habitude bien déplorable, négligeaient souvent de marquer sur les pierres tumulaires même le simple nom de celui qu'ils pleuraient, ne se doutant pas que, s'ils avaient le droit de ne pas se préoccuper de la curiosité des historiens du Judaïsme, il était de leur devoir au moins de faire quelque chose pour leur propre famille et de sauver de l'oubli des noms d'hommes considérables dans leur temps. Cependant à une époque plus rapprochée de nous, on a fait ici une exception pour les rabbins, à qui on a accordé l'honneur d'une épitaphe.

Les pierres funéraires du plus ancien des cimetières de Tlemcen, que nous avons examinées et qu'on retrouve d'ailleurs assez facilement, ne portent aucune trace d'inscription. Néanmoins nous nous sommes livré à de longues et nombreuses recherches et voici que nous découvrons, dans un des autres cimetières, d'une date relativement plus

récente, deux pierres portant cette fois-ci de vraies inscrip-
tions (1). Voici le déchiffrement que nous sommes parvenu
à en faire et que nous mettons sous les yeux du lecteur.

La première de ces pierres recouvre la tombe d'un rabbin
du nom de Sasportas, Chportoch, comme disent les Algériens (2). Nous avons pu déchiffrer l'inscription entière :

זה קבר של החכם

ר״י יהודה ששפורטש

שנפטר שנת

בֹּמֹבֹּחֹֹר קבריבו

Traduction : « C'est ici la tombe du rabbin (du sage)
R. Jehoudah Sasportas, qui est mort en l'année 252
(1492) (3). »

Nos recherches ont été encore fructueuses par la décou-
verte d'une deuxième tombe, un peu moins ancienne que
la précédente, et qui n'est pas non plus d'une importance
médiocre. Nous y avons lu ces mots :

זה

קבר היקר

הנכבד המשכיל הנבון

המושל העניו הר׳ ישׁוֹע בר כה״ר

<hr>

(1) Ces pierres ne sont pas debout, comme dans les cimetières de nos
pays occidentaux. Elles sont très grandes, très massives et recouvrent
toute la tombe.

(2) Les Sasportas sont une des plus anciennes familles d'Oran.
Jacob Sasportas, qui a été au XVIIe siècle rabbin à Amsterdam et à
Londres, était né à Oran et avait été quelque temps rabbin à Tlem-
cen. Voir Wolf, *Bibl. hebr. III*, n° 532, et Graetz, *Histoire des Juifs
X*, note 2.

(3) C'est par erreur que M. l'abbé Bargès met 1552 au lieu de 1492.

מימון נ"ע בן ס'עדון תהיה נפשו צרורה

בצרור החיים לאור באור העליון

במושב אפריון ועם הצדיקים חלקי

אשר בעד הש"י ·········· ·········· ומדשן ביתו

ונחל עדניו ישתה נפטר יז בתמוז

המר אשר בו במר יבכיון

ש:ת ביקם מעפר דל מאשפות ורום אביון

> « C'est ici la tombe de l'homme estimé,
> honoré, du sage, du puissant et modeste
> R. Jechouhah, fils de R. Mimoûn-ben-Saa-
> doûn (1). Que son âme repose en paix !
> qu'elle jouisse de la lumière du Très-Haut
> dans le séjour des bienheureux et que sa
> part soit celle des justes qui (demeurent)
> près du Seigneur......, et qu'il s'abreuve au
> au fleuve des délices divines !
> « Mort le 17 Tammouz, jour de deuil
> pour Israël. et l'année 2260 (1500). »

Mais ce n'est pas encore là le *côté* le plus intéressant de ce cimetière israélite; il faut nous transporter un peu à gauche, et ici nous trouvons (car point n'est besoin de la découvrir) une tombe, visible de loin, blanchie à la chaux, édifiée sur les ruines d'une construction antérieure, comme le dit l'épitaphe, entourée elle-même de plusieurs autres

---

(1) Ce rabbin est probablement un parent d'Abraham ben Saadoûn, qui, grâce à sa richesse, avait pu donner l'hospitalité, lors de leur arrivée à Tlemcen (ils venaient de Majorque), à deux rabbins devenus célèbres ici, l'un Iéhoudah Hallaz, auteur d'un commentaire sur Raschi, aussi remarquable qu'étendu, que nous avons découvert en Mⁱ. et que nous publierons sous peu ; l'autre, son disciple, Alal-ben-Sidoûn, dont le nom est en aussi grande vénération que celui du Rabb (voir ci-après) et qui fut rabbin d'une de nos synagogues de la rue Doriba.

tombes. Dans ces dernières reposent les parents de celui
dont nous nous occupons. Lui seul, il a eu l'honneur,
comme les rabbins couchés dans les tombes mentionnées
précédemment, d'une inscription, et il a l'honneur bien
plus grand, qu'il conserve depuis de longues années, qu'on
lui rend aujourd'hui plus que jamais, de recevoir les visites
mensuelles, si ce n'est hebdomadaires, non seulement d'une
grande partie de la population israélite de Tlemcen, mais
de la population israélite de toute la province d'Oran, et
surtout celle des villes d'Oran, de Mascara et de Mostaga-
nem.

Quel est donc l'homme dont les dépouilles mortelles
reposent dans cette tombe ? pourquoi a-t-on gravé sur la
pierre qui la recouvre une inscription très-longue ? pourquoi sa famille est-elle enterrée à côté de lui et, chose dont
il faut tenir compte également, pourquoi cette tombe n'est-
elle pas au niveau du sol, mais dans une espèce de fosse où
il faut descendre ?

Cet homme est un rabbin mort en l'année רב' (202, 1442
de l'ère chrétienne), un peu avant l'exil des Juifs d'Espagne.
Il était de son temps le נר ישראל, la lumière d'Israël ;
מפורסם בדורו, très-renommé au siècle où il vivait, (détail
que ne manque pas de nous donner l'ouvrage des שו"ת du
רשב"ץ intitulé יבין שבועה où l'on trouve ces mots : את
זה שלח החכם ר' אפרים בר ישראל אנקאווה נ"ע מן תלמסאן לשבח
הלכות אלה « Voici les paroles du rabbin Ephraïm Ankowa
de Tlemcen, pour rendre hommage au mérite de ces hala-
choth... ». Mais il était surtout בעל הנסים, faiseur de miracles. Ce dernier mérite il l'a conservé dans toute sa force
après sa mort, et depuis quatre cents ans, couché dans la
tombe, il opère des miracles, au dire de tous, même d'hommes éclairés et nullement superstitieux qui visitent sa dernière demeure. C'est à Tlemcen que les Israélites algériens

viennent en pélerinage, comme on allait à Jérusalem du temps d'Ibn-Ezra et de Jehoudah Hallévi. Le respect qu'inspire cette tombe enfante naturellement de mystiques égarements et ce sont, il n'est pas besoin de le dire, principalement les femmes qui se portent en foule vers cet endroit saint et consacré. On ne s'en approche qu'avec crainte et recueillement; on se déchausse, comme Moïse faisait quand il s'approchait du buisson ardent; on vient y payer une dette sacrée en récitant des prières. Mais on y apporte aussi des provisions; on y fait des repas et plus que des repas; car on nous a raconté qu'on y faisait de vrais festins et qu'il n'y avait pas longtemps qu'une personne des environs avait invité toute la communauté à festoyer à côté de la tombe. — N'oublions pas non plus ce détail bien curieux, à savoir que cette tombe est l'objet de la vénération de la population musulmane autant que des israélites (1).

Voilà ce que nous avions à dire sur l'histoire contemporaine en quelque sorte de cette tombe, c'est là ce que nous avons tous les jours sous les yeux, et voici maintenant son histoire et ce qu'on raconte de la vie du rabbin. La légende, car elle s'empare de la biographie de tous les hommes de renom, rapporte que faisant partie des exilés qui quittèrent l'Espagne à la suite des persécutions dirigées contre les Israélites (2), il entra à Tlemcen monté sur un lion ayan^t

(1) C'est ici qu'on peut dire avec Guizot : Dans le respect du mort est contenue la croyance à la persistance d'un lien entre ceux qui sortent du monde et ceux qui y demeurent.

(2) Nous supposions, de suite et sans plus ample informé, que ce fut après le massacre des israélites à Séville, en 1391, qu'Ankowa partit de l'Espagne. Ces jours derniers, par un hasard curieux, nous avons recueilli, de la bouche d'un de nos coréligionnaires, une tradition qui existe à Tlemcen, concernant ce point d'histoire et rapportant que

un serpent pour licou (1). Il trouva ses coréligionnaires demeurant hors de la ville, à Agadir, ceux-ci n'ayant pas le droit de séjourner dans l'endroit même où résidait le souverain.

La fille du prince étant tombée dangereusement malade, on eut recours, naturellement, mais sans résultat satisfaisant, à l'art de tous les médecins. On s'en rapporta enfin, sur le conseil des amis du prince, à la science du rabbin et au miracle qu'il devait opérer. Notre docteur rendit bientôt la santé à la jeune fille et le bonheur à son père. Celui-ci, comme témoignage de sa reconnaissance, accorda aux Israélites l'autorisation de s'établir dès lors dans l'intérieur de la ville et dans le lieu même de sa propre résidence.

Il est probable, d'après nous, qu'à la suite d'un bienfait de ce genre dont Ankowa gratifia ses nouveaux compatriotes, ceux-ci, dans l'exaltation de leur enthousiasme et voyant sa puissance et son influence, en firent un opérateur de miracles et le considérèrent comme un homme divin. C'était un miracle pour eux que de pouvoir demeurer avec ceux qui les appelaient Djifa-ben-djifa.

Voici maintenant l'inscription de la pierre :

שמחו בו וגילו······

זה מצבת קבורת גאון עזנו עטרת ראשנו נר ישראל

עמוד הימני אדוננו מורנו ומקובל אלהי המפורסם בכל

quatre rabbins, Ephraïm Aukowa, le Ribach, le Rachbaz et R. Hadrah (ce dernier est enterré aux Beni-Snouas, près de Tlemcen), vinrent ensemble dans les pays africains, fuyant la persécution. Or Asoulaï et d'autres historiens nous apprennent précisément que l'un d'eux, le Rachbaz, arriva à Alger en l'an 1391.

(1) Cette légende est relatée dans un ouvrage, ayant pour titre « *La source bénie.* »

נפוצות ישראל בעל הנסים מריה דהא אתרא גבור רבנא
רבנא הרב הגדול רבינו אפרים אנקאווה זכותו יגין עלינו
ועל כל ישראל אחינו אשר קבלה בידינו כופי זקנינו נבוקש
בשיבה של מעלה שנת רב לאלף השישי חנצבה ועל
ידי חלום נתגלה לנו יום א חודש כסלו היתה מנוחתו כבוד
היום הזה יום ג בשבת קדש יום שנכפל בו כי טוב ששה יבוי
לחודש] תשרי שנת אך טוב לישראל לפ׳ק נתנדבו אנשים
חשובים·········· וחדשו המוצבה הזאת לכבוד הרב
זי׳ע ········ של ········ וזכות הרב ······· זרעם
········עלינו ועל כל ישראל אחינו יאמר די לצרתינו ויביא
לנו משיח צדקנו במהרה בימינו בע׳ה אכי׳ר

« C'est ici la tombe de celui qui était notre orgueil, notre
force, la couronne de notre tête, la lumière d'Israël, notre
maître, versé dans les choses divines, renommé dans son
siècle, faiseur de miracles, le maître de cet endroit, le grand
rabbin Ephraïm Ankowa.

« Que son mérite nous protège, qu'il protège tout Israël !
C'est une tradition de nos pères qu'il mourut en l'année
202 (1442), et il nous a été révélé dans un songe que ce fut
le 1er Kislew. Aujourd'hui mardi, le 6e jour de Tisri de
l'année 609 (1849), sa tombe a été réédifiée. Des hommes,
notables dans la communauté ont reconstruit ce monu-
ment en l'honneur du rabbin. Que son mérite les protège ;
qu'il protège tout Israël ? que son mérite soit pour Dieu un
motif de mettre fin à nos malheurs et de nous envoyer bientôt le Messie ! Amen ! ainsi soit-il !

Les historiens nous donnent des renseignements nom-
breux sur ce rabbin. Asoulaï, celui qu'il faut consulter le
premier pour tout ce qui concerne l'histoire intellectuelle
du Judaïsme, dit à son sujet : רב גדול בעיר תלמסאן ובלובד

‫בנסים ומופלג בחסידות וקדושה‬ « Il existait à Tlemcen un grand rabbin, célèbre comme thaumaturge et connu pour sa grande piété. » Et ailleurs : ‫מצאתי בכי"ד רבנו מיהרחו שכתב‬ ‫מצאתי בתשובה להרב הגדול רבינו אפרים בן הר"ר ישראל בן‬ ‫אלנקווא וקראה שער כבוד ה‬

« J'ai trouvé en manuscrit cette citation de Haïm Vidal (de Sephat) : Dans une ‫תשובה‬ c'est-à-dire dans des ‫שו"ת‬ (livre de consultations) nommés « la porte de la Majesté divine de R. Ephraïm Ankowa, j'ai rencontré telle ou telle opinion... »

Dans un ouvrage, intitulé ‫עומר השכחה‬ commentaire sur les Proverbes, composé en 1575, par un rabbin du nom d'Abraham Gabichon, médecin distingué de Tlemcen, venu également de l'Espagne, on donne des renseignements et des détails très-précis sur notre héros. On y rapporte ce fait intéressant à savoir que le grand père d'Ankowa qui serait le père même d'Ankowa, d'après notre inscription) a mérité le nom de Kadosch (saint, martyr), pour avoir glorifié publiquement le nom de Dieu en prenant en mains un sépher thorah quand il fut brûlé vif à Tolède en même temps que le célèbre R. Jéhoudah, le 4e fils du R. Acher.

Ce même ouvrage nous apprend à cette occasion que R. Acher avait quatre fils, Jechiel, Jacob, auteur des Tourim, Bachya, auteur d'un péruch sur la Thorah et le dernier Iehoudah. Il appelle Ankowa le fort, le puissant : ‫והוו‬, ‫הרב הגדול הפטיש החזק כבוהר"ר אפרים נקאווה‬, et il ajoute : ‫קורים רב סתם‬ on le nommait tout simplement Rab. Ce dernier point est, certes, pour nous, un précieux témoignage. Ankowa était connu sous le nom de Rab, c'est-à-dire le rabbin par excellence.

On a, pour perpétuer ici son souvenir, donné le nom de synagogue du Rab à un temple construit sur l'emplacement de l'école où il pouvait enseigner le Talmud, à la suite de l'autorisation accordée aux Israélites dont nous avons parlé plus haut. Ajoutons que dans cette même synagogue on a allumé une lumière qu'on entretient d'une façon perpétuelle, également en son honneur et pour sa mémoire (1).

Une quatrième tombe que nous avons trouvée, ou plutôt un morceau de pierre, fragment qui semble appartenir à une construction primitivement d'une grande dimension, ne nous a pas fourni, par son inscription, de grands renseignements. Après une étude longue et pénible, nous n'avons pu en tirer que ces mots du commencement :

יפקוד ה׳ לטובה

« Que Dieu se souvienne de... » et un mot du milieu, qui est שנפטרת et qui indique qu'une femme (peut-être la femme d'un rabbin), était enterrée sous cette pierre. Personne ne sera curieux de voir et de déchiffrer des mots qui ne sont

(1) Un détail qui étonnera nos lecteurs et qu'il ne faut pa passer sous silence, c'est qu'une rue, non loin de cette synagogue, porte le nom du Rab.

M. l'abbé Bargès, qui dans son livre sur Tlemcen parle longuement des Israélites, et dit quelques mots de leur cimetière, ne fait mention que d'une tombe, celle de Sasportas. Pourtant celle du Rab est plus visible que les autres et frappe plutôt les yeux.

Quant à ce qu'il rapporte de l'observation que son guide lui a faite, à savoir que probablement ces pierres qu'il cherchait étaient scellées dans les piles du pont construit sur la route des cimetières, elle n'était malheureusement que trop juste. Il y a plus : on a, prétend-on, fait construire près de ces cimetières des maisons rien qu'avec des pierres tirées de ces endroits consacrés. Ne criez pas à la profanation, ce ne furent pas les seules commises dans ce pays conquis.

Voir sur Ankowa, ab. Cahen, *Les Juifs de l'Afrique septentrionale*, Constantine 1867.

représentés souvent que par un ensemble de traits verticaux et horizontaux sans aucun lien et d'examiner une inscription tronquée, et effacée dont il est difficile de tirer parti.

Nous ferons une dernière remarque, c'est que ces tombes datent à peu près de la même époque et sont situées non loin l'une de l'autre.

Avignon. — Imprimerie administrative Seguin frères. — 8,908.

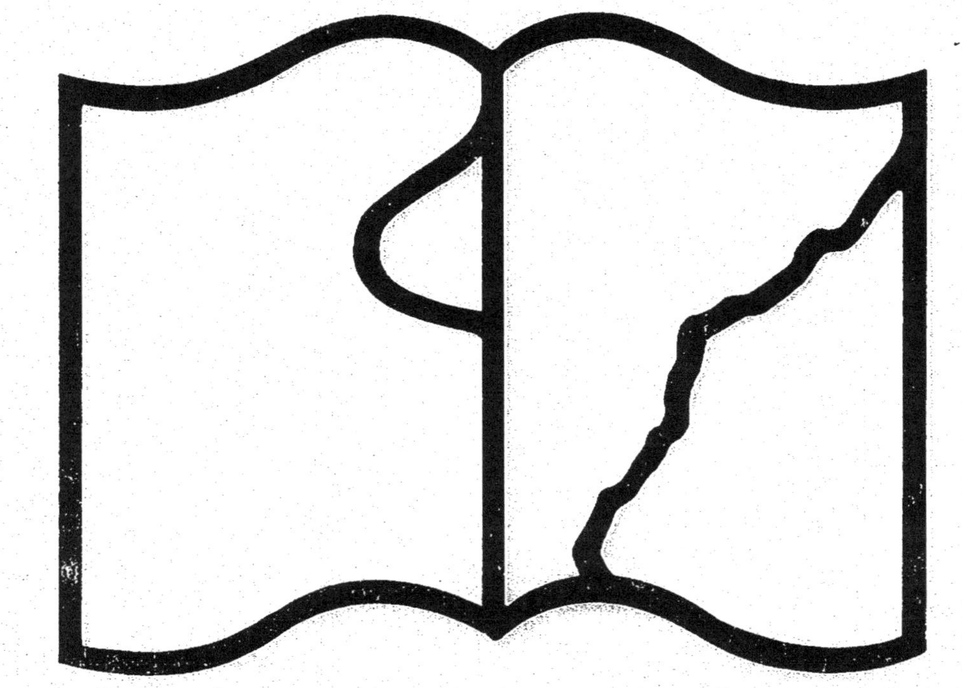

Texte détérioré — reliure défectueuse

NF Z 43-120-11

Contraste insuffisant

NF Z 43-120-14